Prix	Autographes, Anonymes	1862
	Autographes et livres M. Ch... R. de Milan	1862
id	Documents manuscrits (Départements)	1862
id	Documents imprimés (provinces)	1862
id	Autographes	1862
	M.K. de Neuchâtel	1862
	franc-maçonnerie	1861
	Cordier	1861
Prix	Anonyme	1862
D	id (Beaux arts Dellberque)	1862
d	M.G	1862
d	Damiron	1862
d	Mauger	1862
id	Aversenc	1862
id	Docteur L	1862
Prix fixes	Troll N° II, III, IV.	1862
D D	D N° VI plant vus livres	1862
iy	Koch (Georges de)	1862
id	id C° ?	1862

Mars	Charavey	191	articles
Avril	id	765	id
Mai	id	603	id
mai	id	174	id
Avril	Taverdet	1251	id
février	Baillieu	160	id
janvier 1862	Guillemot	286	id
Mars 1862	H. Dupont	1291	id
février	Delion	1016	id
février	id	420	id
Mars	id	432	id
Mars	id	75	id
Avril	id	1497	id
22 Avril	id	29	id
Mai	id	221	id
	Teyss	131 à 716	id
	id	826 à 1080	id
janvier	id	532	id
Mai	id	349	id

CATALOGUE

D'UNE

JOLIE COLLECTION

DE

LETTRES AUTOGRAPHES

DONT LA VENTE AURA LIEU

Rue des Bons-Enfants, n° 28

SALLE N° 4

LE SAMEDI 8 MARS 1862

A SEPT HEURES DU SOIR

Par le ministère de M° **SOYER**, Commissaire-Priseur,
rue du Dauphin, 10,

Assisté de M. **CHARAVAY**

PARIS

CHARAVAY, LIBRAIRE

EXPERT EN AUTOGRAPHES

Rue des Saints-Péres, n° 18.

1862

AVIS

Il y aura, de une heure à trois, exposition des pièces.

On aura huit jours pour la vérification ; passé ce délai, aucune réclamation ne sera admise.

Les Acquéreurs paieront CINQ POUR CENT en sus du prix d'adjudication.

M. CHARAVAY, chargé de la vente, remplira les commissions qu'on voudra bien lui confier.

NOTA. — Le Catalogue sera envoyé à toutes les personnes qui en feront la demande par *lettres affranchies*.

CATALOGUE

DE

LETTRES AUTOGRAPHES

1 — **ACADÉMIE FRANÇAISE.** 4 lettres aut. sig.
CHATEAUBRIAND, 1838, 3/4 de p. in-8. — DELAVIGNE (Casimir), 1/2 p. in-4. Un nom déchiré. — GUIZOT à Michaud, 1 p. pl. in-8. — SCRIBE (E), 1836, 1 p. in-8. Réponse à une demande de son autographe.

2 — **ACADÉMIE FRANÇAISE.** 13 lettres aut. sig.
ARNAULT, 1830, 1 p. 1/2 in-4. — CAMPENON, 1815, 1 p. in-4. — DELAVIGNE (Casimir), 1831, 1 p. in-8. — FONTANES, 2 p. pl. in-4. — JOUY, billet de 5 lig., a. s. — LEBRUN (le Prince), an IX, 1 p. in-4. — PONGERVILLE, 1841, 1 p. 1/4 in-12. — SAINTE-BEUVE, 2 billets aut. sig. — SÉGUR père, 1814, 1 p. in-4. — VAUBLANC, 2 lettres et 1 billet aut. sig., 2 p. in-fol. et 1/2 p. in-4.

3 — **AFFRE** (Denis), Archevêque de Paris.
L. aut. sig. à Mgr de Meaux, 1846, 1 p. pl. in-8. Jolie lettre.

4 — **LE MÊME.** 1° Pièce aut. Paris, 20 décembre 1830, 3/4 de p. in-8. Curieuse; 2° 2 lettres sig. 1849, 2 p. 1/2 in-fol. — SIBOUR, archevêque de Paris. L. sig., 1852, 1 p. in-4.

5 — **ANGIVILLIER** (Le Comte d'), directeur général des bâtiments du roi, membre de l'Académie des Sciences.
Mémoire aut. au roi Louis XVI, 8 pl. in-fol.
Projet de compte-rendu de son administration. Détails fort intéressants.

6 — **ANGOULÊME** (L.-Ant., duc d'), Dauphin.
1° L. sig. au ministre, 2 février 1815, 1 p. 1/2 in-8; 2° L. aut. sig. au même, 18 février 1815, 1 p. in-8.

7 — **ANTOINE DE BOURBON,** roi de Navarre, père de Henri IV.
L. sig. à M. de Hoilly. Abbeville, 1544, 1 p. in-4.

8 — **ARCHEVÊQUES** et **ÉVÊQUES.** 4 lettres aut. sig.
BAUSSET (Fr. de), 1814, 3/4 de p. in-4. — BROGLIE (Maurice de), évêque de Gand; Paris, 1810, 1 p. pl. in-4. — QUELEN (de); Paris, 1828, 1 p. 1/2 in-4. — ROHAN (Ferd. de); Paris, 1775, 1 p. pl. in-4.

9 — **ARCHEVÊQUES DE PARIS.** 4 lettres aut. sig.
BEAUMONT (Christophe de), 12 décembre, 1 p. in-4. — JUIGNE (Éléonore de); Paris, 1785, 1 p. in-4. — TALLEYRAND de Périgord. Paris, 1788, 3 p. pl. in-4. Intéressante lettre relative à sa belle-sœur, dame du palais, sous Louis XVI. — VINTIMILLE (Gaspard de) à M. Lebret, 1 p. 1/2 in-4. Cachet.

10 — **ARCHEVÊQUES DE PARIS.** 7 pièces.
BEAUMONT (Chr. de). Lettre et pièce sig. — DU BELLAY (Jean). Pièce sig. sur vélin; Croissy-en-Brie, 8 octobre 1531, in-fol. — HARLAY, de Chanvallon. Pièce sig. 1688, 1 p. in-4. — JUIGNE (de). Certificat aut. sig., 1790, 1 p. in-4. — NOAILLES (le cardinal de). Pièce sign., etc.

11 — ARTISTES DRAMATIQUES. 5 lettres aut. sig.
BOCAGE, 3/4 de p. in-8. — LIGIER, 1832, 1 p. in-4. — PROVOST, 1 p. in-12. — RACHEL, 1 p. in-12. — REGNIER, 1 p. in-12.

12 — AUTEURS DRAMATIQUES. 7 lettres aut. sig.
CAIGNEZ, 1824, 3/4 de p. in-4. — CARMOUCHE à Pixérécourt, 2 p. 1/2 in-8. Curieuse. — CREUZÉ de Lesser, 1822, 2 p. in-4. — DORVO; Paris, 1830, 1 p. 3/4 in-4, toute relative à sa pièce : *La Balle d'argent, ou le Siège de Hanau.* — DUSAULCHOY (J.); 1814, 1 p. in-fol. — MENESTRIER (Casimir), 1 p. in-4.

13 — BALUZE (Étienne), érudit célèbre du XVII° siècle, bibliothécaire de Colbert.
Déclaration aut. sig., sig. aussi de *Jean Mabillon* et de *Thierry Ruinart*; Paris, 16 nov. 1700, 3/4 de p. in-fol. Fort belle pièce.
Ils avaient examiné précédemment les anciens titres fournis par le sieur de Bar au cardinal de Bouillon, et prouvant l'origine de la maison de La Tour d'Auvergne. Le bruit public leur apprend que le sieur de Bar, renfermé à la Bastille, avec d'autres individus accusés d'avoir distribué de faux titres de noblesse, a déclaré avoir fabriqué lui-même ceux qu'il a fournis au cardinal. Sans en être sollicités, ils se sont livrés à un nouvel et soigneux examen de ces pièces, et ils déclarent, à leur tour, qu'il ne peut y avoir aucun faussaire assez habile pour donner à des titres supposés les caractères d'ancienneté et de vérité qu'ont ceux-ci, et que de Bar, intimidé, a menti à sa conscience, espérant éviter par là un jugement désavantageux. « .... Ce que nous avons estimé laisser par écrit, afin qu'après que Dieu nous aura retirés de ce monde, on ne puisse pas dire que nous avons laissé passer ce bruit sans mot dire, comme si nous fussions demeurés tacitement d'accord de la prétendue supposition de ces titres, que nous croyons, en nostre conscience, estre bons et très-véritables. »

14 — BARNAVE (Ant.-P.-M.), célèbre membre de l'Assemblée constituante, né à Grenoble, décapité en 1793.
Deux fragments aut., extraits de divers ouvrages, 4 p. pl. gr. in-fol.

15 — BÉJART (Armande Grésinde), femme de J.-B. Poquelin Molière.
Quittance sig. sur vélin ; 4 septembre 1636, in-8.

16 — BELLOY (de), poëte dramatique, de l'Acad. franç.
L. aut. sig. à Duels, 3/4 de p. in-4.

17 — BÉRANGER (P.-J.), poëte chansonnier.
L. aut. sig. à Félix Nogaret; 10 juillet 1830, 2 p. in-4.
Charmante lettre de remerciments de l'envoi qu'il lui a fait de ses Opuscules, écrits à quatre-vingt-dix ans.

18 — LE MÊME. L. aut. sig. 1820, 1 p. 1/2 in-8.

19 — LE MÊME. Let. aut. sig. 1842, 1 p. pl. in-8.

20 — BERRYER fils, célèbre avocat et député, de l'Académie française.
4 lettres aut. sig. à M. Laurans; 1844, 8 p. in-8.

21 — BIGNON (L'abbé Jean-Paul), prédicateur et bibliothécaire du roi, de l'Académie française.
L. aut. sig. à M. Dorigny; Paris, 27 juillet 1729, 4 p. in-4. Cachet.

22 — BLANC (Louis), historien, membre du Gouvernement provisoire en 1848.
L. aut. sig. à Mme Flora Tristan, 1 p. in-8. Jolie lettre.

23 — LE MÊME. L. aut. sig. à la même; 1833, 1 p. in-8.

24 — BONAPARTE, général en chef de l'armée de l'intérieur.
L. sig. *Buonaparte*, 10 nivôse an IV, 2 p. in-4. Tête impr. et vignette.

25 — **BONAPARTE**, premier Consul.

   L. sig. (écrite par Bourrienne) au ministre des finances, an VIII, 1 p. in-4. Jolie Vignette.

   Il le pria de lui présenter un projet d'arrêté pour qu'il ne soit reçu dans les caisses des départements de l'Ouest que de l'argent comptant pour les contributions, que sous quelque prétexte que ce soit on ne reçoive en payement les bons donnés par les rebelles, et qui auraient servi à leur subsistance.

26 — **BONAPARTE** (Louis), roi de Hollande.

   1° L. aut. sig. au premier consul, 1 p. in-fol. Belle lettre ; 2° L. aut. sig. au ministre ; Paris, an XI, 1 p. in-fol. Tète impr. ; déchirure dans un angle, n'atteignant pas le texte.

27 — **BONNEVILLE** (F.), auteur d'un ouvrage sur les *Monnaies de France*.

   Trois L. aut. sig. de l'an x à 1806 ; 2 p. in-4 et 1 p. 1/2 in-fol. Une de ces lettres est toute relative à son *Traité des Monnoies de France*.

28 — **BOSSUET** (J.-Benigne), évêque de Meaux.

   L. aut. sig. au P. Rapin ; Meaux, 3 août, 2 p. petit in-4. Cachet.

   Belle lettre de remercîments de son éloge de M. le Prince.

29 — **BOTTA** (Charles). Historien de l'Italie.

   Deux L. aut. sig. Rouen, 1820-21, 2 p. in-4. Relatives à deux de ses ouvrages.

30 — **BOUILLÉ** (Cl.-Amour, Mⁱˢ de), lieutenant-général, auteur de *Mémoires sur la Révolution française*.

   Deux lettr. sig. à Monsieur... (le ministre de la guerre) ; Metz, 18 et 19 août 1790, 16 p. in-4.

   Récit de la révolte de la garnison de Metz, que l'intervention du corps municipal a pu seul apaiser. Il se démet, entre les mains du ministre, du commandement de ces troupes, annonce son prochain départ pour l'Allemagne, et conseille, dans l'intérêt de l'ordre, de changer intégralement la garnison.

   « ... Aujourd'hui que l'esprit de révolte est général, qu'il est entretenu par tous les moyens de corruption les plus efficaces, qu'il n'est pas un soldat dans cette garnison, dont les principes et la fidélité ne soient plus que suspects, je pense qu'un seul régiment conservé dans cette ville, après le départ des autres, détruirait l'effet que l'on pourrait encore espérer du mouvement de troupes que j'ai l'honneur de vous proposer. L'artillerie, surtout, par ses rapports et ses liaisons avec la partie viciée de la garde nationale, est infiniment dangereuse... »

   (C'est le 31 du même mois qu'eut lieu la terrible répression de Nancy, à laquelle Bouillé présida comme commandant en chef.)

31 — **BOURGELAT**, célèbre professeur d'hippiatrique, fondateur des écoles vétérinaires en France.

   Trois L. aut. sig. 1773, 3 p. in-4 ou in-8.

32 — **BUFFON** (G.-Louis Leclerc, comte de), illustre naturaliste, de l'Académie française.

   L. aut. sig. 6 mars 1780, 1 p. 1/2 in-4.

33 — **CÉLÉBRITÉS ÉTRANGÈRES.** 4 lettres.

   Bernstorff, ministre danois. L. s. 1790, 1 p. in-fol. — Cochrane, célèbre amiral anglais ; certificat sig. rade de Poros, 1827, 1/2 p. in-4. — Goltz (le baron de), ministre. L. aut. sig. 1774, 1 p. 1/2 in-4. — Woronzow (le comte de), diplomate. L. aut. sig. en français ; Francfort, 1817, 2 p. 1/4 in-4.

34 — **CÉLÉBRITÉS ÉTRANGÈRES.** 4 lettres aut. sig.

   Frias (Velasco duc de), ambassadeur, 2 lettres en espagnol 1849, 5 p. in-4 ou in-8. — Labrador (le marquis de), ministre L. aut. sig. Madrid, 1832, 1 p. 1/2 in-4. — Melville (H. Dundas lord), ministre anglais, L. aut. sig. en angl., 1821, 2 p. in-8.

35 — **CÉLÉBRITÉS DIVERSES** dans tous les genres.

   210 lettres, la plupart aut. sig.

36 — **CHARLES IX**, Roi de France.
L. sig. à M. Boilly; Joinville, 1560, 3/4 de p. in-fol.

37 — **CHAUVEAU-LAGARDE**, célèbre avocat, défenseur
de Marie-Antoinette,
L. aut. sig.; Paris, 1814, 1 p. in-4. Tête imprimée.

38 — **CHÉRUBINI** (M.-L.-C.), célèbre compositeur de musique, membre de l'Institut.
L. aut. sig. au secrétaire du théâtre Feydeau, an II, 2 p. 1/2
in-4. Cachet.
Détails intéressants sur les artistes du Havre et de Rouen.

39 — **CINQ-MARS** (H. Ruzé d'Effiat de), capitaine des
gardes de Louis XIII, décapité en 1642.
Quittance sign. sur vélin; 1641, in-8.

40 — **COLLIN D'HARLEVILLE**, auteur dramatique.
L. aut. sig., Mevoisin, par Maintenon, 7 décembre 1789, 2 p.
in-4.
Jolie lettre relative à ses *Châteaux en Espagne*, qu'il consent à céder, moyen-
nant 100 louis une fois payés.

41 — **CONDÉ** (Louis de Bourbon, prince de), dit *le Grand*.
L. sig. à M. de Roches d'Oranges; Saint-Germain, 1676, 1/2 p.
in-4.

42 — **CONVENTIONNELS**. 7 pièces.
THIBAUDEAU. 3 petites L. aut. sig. — VILLETTE (le marquis de).
L. sig., 1789, 3 p. in-4 et pièce sig. 2 pièces avec des approuvés
des membres du comité de salut public, sig. *Barère, Billaud-
Varenne, Collot-d'Herbois, Carnot* et *Prieur*, an II, 2 p. In-fol.

43 — **CONVENTION NATIONALE** (députés à la) 8
lettres.
CARNOT, arrêté aut. sig., sig. aussi de *Barère, Collot-d'Herbois* et
Prieur, an II, 1/4 de p. in-4. — COLLOT-D'HERBOIS. L. sig., an II,
1 p. in-fol. — FOURCROY. L. aut. sig., an X, 1 p. pl. in-4. Tête
imprimée. — LANJUINAIS. 2 L. aut. sig., 1 p. in-4 et in-fol. —
MERLIN, de Douai. L. aut. s., an II, 1 p. 1/4 in-4. — MERLIN, de
Thionville. L. aut. sig., an VI, 1 p. pl. in-4. — REVEILLÈRE-
LEPEAUX. Billet de 8 lign. aut. sig.

44 — **CORVISART** (J.-N. Baron), médecin de Napoléon,
membre de l'Institut.
L. aut. sig., 4 p. pl. in-4.
Curieux détails sur sa demande en divorce…, « Voilà, monsieur, des faits,
qui, tout dégoûtant qu'ils sont pour ma délicatesse à produire, ne sont que
trop vrais. »

45 — **CUVIER** (G. baron), illustre naturaliste.
L. aut. sig. au ministre, 1 p. pl. in-4.
Relative au rapport qu'il est chargé de faire du projet de loi sur les élec-
tions locales.

45 *bis*. — **DANCHET** (Ant.), poëte dramatique, de l'Académie française.
Pièce de 5 grandes lignes aut. sig.; Paris, 14 août 1715, 1/4 de
p. in-4 collée sur la couverture intérieure d'un livre in-4, conte-
nant divers ballets, 1695.
Il atteste, en sa qualité de censeur, avoir lu *l'Europe galante*.

46 — **DAVID** (J.-Louis), célèbre peintre d'histoire et Con-
ventionnel.
Note de 9 grandes lignes aut. sig., 1 p. in-4.
GUÉRIN (P.), célèbre peintre d'histoire.
L. aut. sig. à M. Durandeau; Florence, 1822, 2 p. 1/2 in-4.
Très-jolie lettre où il fait le récit de son voyage à Venise, où il a vu des
choses merveilleuses.

47 — DECAMPS (A. G.), célèbre peintre.
L. aut. sig. à M. François; Fontainebleau, 1831, 3 p. in-8.
Plaisante épître.

48 — DEMOUSTIER (Ch.-Albert), poëte et auteur dramatique.
Cession aut. sig. à M. Huet, de son opèra intitulé : *Sophronime, ou la Reconnaissance*. 30 fructidor an II, 1 p. pl. in-4.

49 — DÉPUTÉS. 14 lettres aut. sig.
Dubois Aymé. 3 Lettres, 3 p. in-8. — Dubouchage (Gab.) 1816. 3/4 de p. in-fol. — Dulong (P.-L.) 3 Lettres, 5 p. in-4 ou in-8.— Gaudin (Emile). 2 Lettres, 3 p. in-4. — Laffon-Ladébat. 4 Lettres, 6 p. in-4. — Paganel. 1 p. in-8.

50 — DÉPUTÉS. 17 lettres.
Arago (Emmanuel). 2 Billets aut sig. — Bailleul. L. aut. sig. 2 p. in-8. — Dupont de Nemours. 3 Lettres sig. — Kératry. L. aut. sig. 1829, 1 p. in-4. — Lanjuinais (Victor). L. aut. sig. 1 p. in-4. — Marcellus (le vicomte de). 2 Lettres aut. sig. 3 p. 1/2 in-8. — Mauguin. 3 L. aut. sig. 2 p. 1/2 in-8, etc.

51 — DÉPUTÉS de diverses assemblées, 16 lettres.
Barthélemy, sénateur. Lettre et pièce aut. sig. 1 p. 1/2 in-4. — Dupont (de Nemours). L. aut. sig. *D. d. N.* 1808, 2 p. 1/2 in-4. — Duviquet. L. aut. sig. 1/2 p. in-4. — Gouy d'Arcy. L. aut. sig. 1790, 2 p. 1/2 in-4. Lebrun, consul. L. aut. sig. an IX. 3/4 de p. in-4. — Madier de Montjau père. L. aut. sig. 1819. 2 p. 1/2 in-4. Curieuse. — Marcellus (le comte de). L. aut. sig. 1 p. in-4. — Roederer. L. aut. sig. 1 p. 1/2 in-4, etc.

52 — DÉPUTÉS et MINISTRES. 5 lettres aut. sig.
Boulay (de la Meurthe); an IV, 1 p. pl. in-4. Tête imprimée.— Dubois Dubais, à M. de Sémonville ; Cambrière, 16 mars 1832, 2 p. in-4, relative à sa pension.— Dubouchage. 2 Lettres; an VIII et 1821, 3 p. in-4.—Merlin (de Thionville); 3 pluviôse, 3/4 de p. in-4.

53 — DÉPUTÉS, GÉNÉRAUX, MINISTRES.
Béchard, 1 p. in-8. — Boissy (le marquis de), 3/4 de p. in-4.— Dubouchage (le vicomte de), 3/4 de p. in-8. — Bardin, 1 p. 1/4 in-8. — Baudrand, 3 Lettres, 4 p. in-8. — Caffarelli (A.), 2 p. in-4. — Lahitte. 3 Lettres, 3 p. in-8. — Latour-Maubourg (V.), 1/2 p. in-8. — Bernadotte, deux longues apostilles aut. sig. — Dambray, 1815, 1 p. in-4. — De Cazes, 1840, 3/4 de p. in-4. — Doudeauville, 2 p. in-4. — Guernon-Ranville, 1829, 1 p. in-4, etc. En tout 38 lettres aut. sig.

54 — DESGENETTES (Dufriche), célèbre médecin de l'armée d'Egypte.
3 L. aut. sig. 1807-1812, 6 p. in-fol. ou in-4, dont deux avec têtes impr.

55 — DESMOULINS (Camille), journaliste et membre de la Convention, décapité en 1793.
Fragment du *Vieux Cordelier*, pièce aut. avec ratures et corrections. 12 grandes lignes, 1/2 p. in-4.

56 — DIPLOMATES. 15 lettres.
Bignon. L. aut. sig., 1/2 p. in-4. — Bourgoing. 2 L. aut. sig., 2 p. in-4. Tachées d'humidité. — Cetto. 2 L. au. sig., 2 p. 1/2 in-4. — Ficquelmont (le vicomte de). 6 L. aut. sig., 5 p. in-8 et in-4. — Genet (Edmond). L. sig. 1792, 1 p. 1/2 in-fol.— Goltz (le baron de), 2 L. aut. sig., 3/4 de p. in-4. — Vincent (le baron de), 2 L. aut. sig., 3 p. 1/2 in-4 et in-8.

57 — DIVERS. 4 lettres de cachet, délivrées par Louis XV, et 1 pièce sig. de lui. — SAXE (le maréchal de). L. sig. 1747, 3/4 de p. in-fol. — SOMBREUIL, gouverneur des Invalides. L. sig. 1788, 2 p. in-4. — GENOUDE, écrivain religieux. L. aut. sign., 1 p. in-12. — BABOIS (Mad. Victoire), poëte. L. aut. sig. 1827, 3 p. pl. in-4. Jolie lettre, etc. En tout 10 pièces.

58 — DIVERS. 6 lettres aut. sig.

BUCHEZ, député et écrivain philosophe, 1 p. in-8. — COLLIN DE PLANCY, auteur du *Dictionnaire infernal*; Plancy, 1847, 1 p. 3/4 in-4. — COQUELEY de Chaussepierre, littérateur. Consultation aut. sig. 1759, 4 p. in-4. — DEMIDOFF (le comte de), mari de la princesse Mathilde, 1841, 1 p. in-4. — GENOUDE (de), écrivain religieux; 1841, 1 p. in-8. — SACY (J.-B.), économiste, à M. Bérard. 1818, 1 p. 1/2 in-8.

59 — DIVERS. 6 lettres aut. sig.

GUIZOT, de l'Acad. fr. 1859, 1 p. in-12. — LAMENNAIS (l'abbé de), célèbre écrivain. 1820, 1 p. pl. in-8. — SCHEFFER (Ari.), peintre. 1 p. 1/4 in-8. — SUE (Eug.), romancier. 3 L. aut. sig. 2 p. in-8 et 1 p. in-12.

60 — DIVERS. 13 lettres ou pièces.

BOMBELLES, évêque d'Amiens. L. aut. sig. 1818, 1 p. in-fol. — DESCLOSEAUX, pièce sig. *Descloseaux, conservateur du tombeau de Louis XVI et de la Reine son épouse. 84 ans.* — LEVERD (Émilie), actrice. 2 L. aut. sig., 2 p. in-8. — MAROCHETTI, sculpteur. L. aut. sig., 1 p. in-8. — PAER, compositeur de musique. L. aut. sig., 1 p. in-4. — SAINT-SIMON, chef de secte. 2 L. aut. sig. sd, 1 p. 1/2 in-8. — SURIAN (J.-B.), év. de Vence, 2 quitt. sig. — TALLIEN (Mme). L. aut. 1 p. in-4. La signature a été enlevée. — TALMA, tragédien. Bon sig. — TURENNE, maréchal de France. Pièce sig., 1673, in-4. Cachet.

61 — DIVERS. FRANÇOIS, duc d'Alençon. Lettres-patentes sig., sur vélin; Blois, 1572, in-fol. 2 pièces sig. *Louis XIV*. — SCHONBERG, maréchal de France. Pièce sign., 1647. — CHAUVELIN, adjudant général. L. aut. sign.; 1710, 1 p. in-4. — ORLÉANS (Philippe d'), régent. Ordre sign., 1721, 1/2 p. in-fol. — LÉOPOLD, duc de Lorraine. Pièce sig., 1728, 2 p. in-fol. — MAILLEBOIS (le maréchal de). Itinéraire sig. — ORLÉANS (Louis-Philippe d'), père d'Egalité. Mémoire et L. sig. 1759-79, 1 p. 1/2 in-4. En tout 10 pièces.

62 — DUBARRY (la Comtesse), célèbre maîtresse de Louis XV, massacrée en 1792.

1° *État des fournitures faites à Madame la comtesse Dubarry, pour la plantation des parterres de sa maison de Louveciennes.* Au bas duquel deux lignes aut. sig. de Mme Dubarry. — DUBARRY (le vicomte), dit le Roué. Pièce aut. sig. 1778, 2 p. in-4, etc.

63 — DUMOURIEZ (Ch.-Fr.), général en chef et ministre, auteur de *mémoires* sur la Révolution.

L. aut. à un ami, 24 décembre 1785, 2 p. in-fol. Curieuse macédoine littéraire et satirique.

64 — ÉTAMPES (Anne de PISSELEU, duchesse d'), la célèbre maîtresse de François 1er.

L. sig., avec la souscription aut., à son neveu M. de Fontaines; Paris, 20 février 1558, 1 p. in-fol. *Rare.*

Belle lettre relative à la mort de son frère, M. de Hély, etc... Il m'a esté le meilleur frère que j'eusse et que plus *joyeux*, et a vous plus gratieux et bon père qui fust en ce monde. Neantmoins il faut prandre en grace ce qu'il plaist à Dieu nous envoyer car la mort est à tous humains certaine, et l'heure d'icelle (si) incertaine, qu'il faut prandre quant il plaira à nostre Seigneur la envoyer, et sans excuse il nous faut estre obeissans à l'autheur de la vye puysque dicelluy la tenons... »

65 — FEMMES AUTEURS. 11 lettres aut. sig.   *3. 50*

CAMPAN. L. sig. avec 3 lig. aut. — CHASTENAY (victorine de), 1814, 1 p. pl. in-8. — DUPIN (A). 2 L. aut. sig., 3 p. in-8. — DURAS (la duchesse de), 1 p. 1/2 in-4. — DELAFAYE-BREHIER (Julien). 1833, 3 p. in-8. — ROBERT (Clémence), 1 p. in-12. — ROLAND (Pauline), 2 p. 1/2 in-8. — ULLIAC TREMADURE. 1835, 1 p. pl. in-8, VIEN (Céleste), 1833, 1 p. in-8. — VOÏART (Elise), 1/2 p. in-8.

66 — FLORIAN (le chevalier de), poëte et fabuliste, de l'Académie française.   *16*

L. aut. sig. à l'abbé Arnaud, 1 p. in-4.

« J'ai lu mes vers à M. de Buffevent, on prétend qu'ils ne sont pas aisés à entendre, surtout le premier, et qu'il faut mettre au lieu de : « Tu n'as point combattu : *Tu n'as point concouru.* » Il le prie, si ce changement est agréé, par sa société de vouloir bien retourner au journal le faire changer.

67 — FORIOSO, célèbre danseur de corde.   *4*

2 L. aut. sig. au préfet de Seine-et-Marne et au maire de la ville de Melun ; Paris, 3 août 1808, 4 p. in-4. *Rare.* Ce lot sera divisé.

Il offre de donner des représentations à Melun, pour la fête de l'Empereur,

68 — FOUCHÉ (Jh.), duc d'Otrante, Conventionnel et ministre.   *5. 50*

L. aut. sig., Paris, 2 germinal, 1 p. in-8, tête imprimée, avec la jolie vignette de *Prudhon.*

69 — LE MÊME. L. aut. sig. au baron Malouet, 1 p. pl. in-4 Cachet.   *6*

Il lui mande que l'Empereur l'a reçu avec bonté, avec affection... « Il m'a été impossible de ne pas lui parler de vous, je ne l'ai point trouvé mal disposé... » Il pense qu'il doit continuer à écrire à l'Empereur, et il l'engage pour cela à se servir de l'intermédiaire du duc de Cadore, qui est un honnête homme... « Ne vous adressez donc pas à des gens qui voudraient rendre ridicules toutes les vertus, il vous font du mal. »

70 — FOY (M.-S.), général et député, né à Ham.   *10*

L. aut. sig. à Dupont de l'Eure, 17 septembre 1823, 2 p. in-4. Cachet.

Relative à la perte énorme que lui fait éprouver la banqueroute de Ferdinand Le Restauré, ce qui va l'obliger de vendre deux maisons qu'il a à Paris. « Les contributions constituent mon cens d'éligibilité, je cesserai donc d'être éligible. Au reste, on peut s'en consoler dans un temps où le gouvernement représentatif n'est plus qu'une lâche et ignominieuse moquerie. »

71 — FRANÇOIS Ier, Roi de France.   *2. 71*

Belle pièce sig., sur vélin, contresignée *Robertet,* à la Roche-Saint-André, 29 avril 1538; in-fol.

72 — GÉNÉRAUX. 6 lettres.   *3*

DAUMESNIL. Lettre signée. 1831, 1 p. in-4. — DEBILLY. L. aut. sig., an XII, 2 p. in-fol. Légère déchirure. — DECRÈS, amiral. L. aut. sig. 1806, 1 p. 1/2 in-4. — DUMOURIEZ. Pièce signée. 1790, 1/2 p. in-fol. — LAFAYETTE. L. aut. sig. 26 frimaire, 3/4 de p. in-4. Demande d'avancement pour son fils. — VILLARET, de Joyeuse. Copie sign. d'une de ses lettres, 3 p. 1/2 in-fol.

73 — GÉNÉRAUX. 7 lettres aut. sig.   *3. 50*

ALLARD; Saint-Tropez, 1818, 1 p. in-fol. — FOY (le comte), 1815, 2 p. pl. in-fol. — LAHARPE, général tué en Italie; Vado, an III, 3/4 de p. in-4. Passée au vinaigre. — LAROCHEJACQUELEIN (le marquis de), tué en Vendée en 1815, 2 p. in-4. — RAMEL, assassiné en 1815; 1803, 1 p. in-4. — SAVARY, duc de Rovigo. 2 L. aut. sig.; an XI, 3 p. in-4.

74 — GÉNÉRAUX. 15 lettres ou pièces.   *7*

CAMBRONNE. Bon de 6 grandes lignes aut. sig. Comme sergent de grenadiers, an IX. — JUNOT. 3 lettres sign. — LAMARQUE (Max.) Ordre de 3 lignes aut. sig. et 4 pièces sig. — LAPEYROUZE

(Vallier). L. aut. sig., 1791, 1 p. in-fol. — LASALCETTE. 2 L. aut. sig., 2 p. 1/2 in-4. — MONTESQUIOU. L. sig., 1792. — PEYRON. L. aut. sig., 1810, 2 p. 1/2 in-fol.—SANTERRE. L. sig., 1792, 1 p. in-fol. — TEULIÉ. L. aut. sig., 3 p. 1/2 in-fol.

75 — **GÉNÉRAUX.** 16 lettres aut. sig.

BLEIN. 2 lettres, 1 p. in-4. — DROUOT. 2 lettres, 2 p. in-fol. ou in-4. — DUPONT (le comte); an VIII, 1 p. in-4.—BARVILLE. 3/4 de p. in-4. — JOMINI. 1 p. in-4. — LAFAYETTE; 2 vendémiaire, 1/2 p. in-4. — LECOURBE. Certificat, an VII, 1 p. in-fol. Cachet. — MENOU, 1809, 1 p. 1/2 in-fol. Déchirure dans l'angle droit. — VAUDONCOURT, 1/2 p. in-8, etc.

76 — **GÉNÉRAUX.** 19 Lettres aut. sig.

Canclaux, Ferrand, Gudin, Guyard, Langeron, Latour-Maubourg, Morand, Radet, Rapatel (Paul), *Reynier, Rivière* (le duc de), *Toulongeon,* etc.

77 — **GRAFFIGNY** (Mme de), femme célèbre du XVIIIe siècle, auteur des *Lettres péruviennes.*

L. aut. (à M. Devaux), qu'elle appelle *son cher Panpan;* 5 mars, 6 p. pl. in-4.

Charmante épître, pleine d'esprit et d'abandon. Elle entretient M. Devaux des obstacles que met sa mère à son mariage avec *l'Amour,* lui parle de la maréchale de Richelieu, dont elle était dame de compagnie, et lui donne diverses nouvelles littéraires. « ... J'ai bien de l'impatience de faire le Danchet sur ton plan. Pourquoi ne me parle tu pas de la conversion de Voltaire ? Le docteur Lanternou m'en parle... Mon Dieu, qu'il est aimable le docteur, j'en ay déjà reçu trois lettres plus charmantes l'une que l'autre... Si tu t'avise encore de me faire des excuses de sot provincial sur la longueur de tes lettres et sur tes affaires, je t'envoye au diable. Ah ! le vilain air que celui de Nancy... Oublie tes projets de retraite; aime nous bien l'Amour et moi, et envoye faire lolote tous les mauvais propos... Clairon vient d'arriver, et par conséquent le fameux plan. Ah qu'il est beau !... Je n'ai écris à Voltaire que pour lui demander raison de son Césard... J'étois en train de parler aux beaux esprits. Je me mis à attaquer Voltaire de conversation. Je t'envoyerai sa réponce... »

78 — **GRESSET** (J.-B.-L.), poète, auteur de *Vert-Vert,* membre de l'Académie française.

Fragment aut. du 4e Chant du *Parrain Magnifique.* 1 p. in-4.

79 — **GRIMM** (Fr. d. baron de), célèbre critique.

L. aut. sig., à Philidor; Paris, 13 juillet 1780, 1 p. 1/2 in-4.

Relative à la représentation à Pétersbourg, du *Polymetrum Saturnum* de Philidor. — Le succès que cette composition a eu à Paris, fait désirer à l'impératrice de la connaître. Elle a fait écrire à un des plus célèbres savants d'Italie, pour demander un programme, afin de relever le charme de la musique par la pompe du spectacle.

80 — **HENNEQUIN** (Victor), écrivain socialiste.

L. aut. sig., à Flora Tristan; Epinal, 9 septembre (1842), 3 p. in-8. Curieuse.

81 — **HENRI III**, roi de France.

Pièce sig., sur vélin, 1586, in-fol.—STANISLAS, roi de Pologne. Commission sig., sur vélin, 1705, in-fol. Cachet.

82 — **HOMMES DE LETTRES.** 7 lettres.

BALZAC (H. de). L. aut., 2 p. pl. in-8, relative à un bois à faire pour la 5e partie de *la Femme supérieure.* — BARBIER (Aug.) L. aut. sig., 1 p. in-12. — FORTOUL (H.) L. aut. sig., 1 p. in-8. GAUTIER (Théophile). L. aut. sig. 3/4 de p. in-8. — JANIN (J.) L. aut. sig., 1 p. in-8. — KARR (Alph.) L. aut. sig., 1 p. in-8.— SAINTE-BEUVE. L. aut. sig., 1 p. 1/4 in-8.

83 — **HOMMES DE LETTRES.**

Bonnelier (Hyp.), *Choiseul-Gouffier, Gallois* (Léonard), *Lachabeaussière, Latouche* (H.), *Rochefort,* traducteur; 1783, etc. 14 lettres aut. sig., 18 p. in-8 et in-4.

84 — HOMMES DE LETTRES.
Bast (Amédée de), *Chazel, Courchamps, Capelle, D'Avrigny, Defauconpret, Nettement* (Alfred), *Pitre-Chevalier, Radet, Reynaud* (Jean), *Rabou* (Ch.), *Sainte-Beuve, Sarrans, Violeau* (Hyp.), etc. 33 lettres aut. sig.

85 — JURISCONSULTES. 5 lettres ou pièces.
BOUCHER D'ARGIS. Consultation aut. sig., 1760, 4 p. pl. in-fol. CHAUVEAU-LAGARDE, 2 pièces sig., 1811 ; — DESÈZE (Romain). L. aut. sig., 1 p. 1/2 in-8. — HENRION DE PANSEY. L. aut. sig., 2 p. 1/4 in-4.

86 — LA BÉDOYÈRE (Ch. Comte de), colonel du 7me de ligne, fusillé en 1815.
L. aut. sig., au ministre, novembre 1814, 1 p. in-4. *Rare.*

87 — LABORDE, valet de chambre du Roi, fermier général et écrivain sur la musique.
1° *État des frais de service des troupes de la maison du roi;* Paris, 23 novembre 1767, 2 p. pl. in-fol., sig. *Laborde, Beaujon, Boullongne,* et 12 autres. 2° *Projet des services pour le roi;* 1767, sig. *Laverdy,* 3 p. in-fol., etc.

88 — LA CHARCE (Philis de la Tour du Pin), héroïne dauphinoise, qui défendit sa province contre Victor Amédée, en 1692.
L. aut. sig., à M. le président de Longeville; Nions, 24 août 1675, 3 p. pl. in-12. Cachet bien conservé. *Rare.*
Touchante lettre où elle annonce la mort de son père.

89 — LAFFITTE (Jacques), célèbre ministre.
L. aut. sig., à Perregaux; Paris, 6 nivôse an VI, 3 p. in-4. Cachet. *Rare.*
Belle et touchante lettre, qui mériterait d'être reproduite tout entière. — Commis depuis dix ans chez M. Perregaux, il semble avoir perdu la confiance de son patron, qui le laisse dans un emploi secondaire. Il se voit obligé, bien à regret, de se séparer de lui, et d'accepter l'offre qu'on lui fait de l'associer à une maison de banque. Il prie M. Perregaux d'être sa caution pour la somme qui lui est nécessaire.

90 — LAMENNAIS (F. de), écrivain célèbre.
L. aut. sig., 1842, 1 p. 1/2 in-8.
LAMENNAIS (J.-M., abbé de), vicaire-général de Saint-Brieuc, frère du précédent.
L. aut. sig., à M. Niel St-Étienne ; St-Brieuc, 4 août 1819, 3 p. pl. in-4.
Très-belle lettre pleine de réflexions sur les interminables négociations avec Rome... « La santé de mon frère s'est fortifiée depuis qu'il est en Bretagne; j'aurais désiré qu'il y eût prolongé son séjour; mais il me paraît décidé à nous quitter bientôt, pour moi je resterai au milieu de ce vaste diocèse, où chaque jour mes occupations se multiplient... »

91 — LEBRUN (Mme), célèbre peintre de portraits.
L. aut. sig., à M. Perregaux, 3 p. pl. in-8; très-jolie lettre. — NECKER (Mme), mère de Mme de Staël. L. sig., 2 p. in-4; charmante lettre. — LUTHER (Amédine), actrice, L. aut. sig., 1849, 1 p. in-8. En tout, 3 lettres.

92 — LEFRANC de Pompignan, poëte, de l'Acad. franç.
L. aut., à Thieriot; Montauban, 13 juin 1737, 7 p. in-4. Cachet.
Belle et intéressante lettre où il parle de plusieurs de ses ouvrages, entre autres du *Triomphe de l'Harmonie...* « M. de Voltaire est enfin de retour à Cirey; tranquille, je n'en sais rien, ou pour mieux dire, je suis sûr que non. Je n'attends, avec une véritable impatience que son traité newtonien. Sa tragédie aura des beautés, peut-être même un succès brillant, mais après tout ce sera une tragédie de M. de Voltaire. »

93 — LEGOUVÉ, poëte et auteur dramatique.
Cession aut. sig., à M. Huet, de sa tragédie intitulée: *Fabius, ou la Discipline romaine*; Paris, 26 thermidor an III, 1 p. in-4.

94 — LITTÉRATEURS. 6 lettres aut. sig.
Dugas-Montbel, à Beuchot; 1820, 2 p. in-4, intéressante. — Masson (Michel), 1 p. in-12.— Saint-Surin ; Angoulême, 1814, 2 p. 1/2 in-4. Cachet. — Scribe (E.), 2 lettres, 1 p. 1/2 in-8. — Souvestre (Emile), 2 p. 1/2 in-8.

95 — LITTÉRATEURS. 9 lettres aut. sig.
Albert Montémont; 1827. 1 p. in-4. — Béraud (Antony), 1 p. in-8. — Bonnellier (Hyp.), 2 p. pl. in-8. Curieuse. — Duval (George), 3/4 de p. in-4. — Roujoux (le baron de), 2 lettres aut. sig. et 1 pièce aut., 8 p. in-4 et in-8. — Thierry (Ed.), 2 lettres, 1 p. 1/2 in-8. — Ximenez, 1 p. pl. in-4. Cachet.

96 — LITTÉRATEURS. 19 lettres aut. sig.
Buchon, Cousin (V.), *Halévy* (L.), *Galibert, Gouriet, Lanneau, Mélesville,* etc.

97 — LOUIS XVI, roi des Français, décapité en 1793.
1° Ordre au marquis de Lafayette de prendre le commandement général de toutes les forces militaires qui se trouvent à Paris et à quinze lieues à la ronde, pour assurer l'approvisionnement de Paris, pièce sig.; Paris, 7 octobre 1789. 1/2 p. in-4 ;
2° Ces mots aut.: *Bon pour cent pistoles par mois*, au bas d'une demande du marquis d'Harcourt; 1788, 1 p. in-fol.

98 — LOUIS XVIII et CHARLES X, rois de France.
Brevet sig. des deux ; Coblence, 18 juillet 1792, 1 p. in-4, imprimé en partie.

99 — LOUIS-PHILIPPE, roi des Français.
L. aut. sig., au maréchal Macdonald; Neuilly, 28 mai 1821, 1 p. 1/2 in-4. Jolie lettre.

100 — LOUVET (Lodoïska), femme du Conventionnel Girondin.
L. aut. à Bosc, naturaliste, 22 germinal, 3 p. pl. in-8.
Curieuse lettre où elle parle intimement de son mari, qu'elle a perdu, et de quelques-uns de ses amis.

101 — LA MÈME. L. aut. sig. au même; 1821. 3 p. pl. in-8.
Jolie lettre d'amitié.

102 — MADISSON (James), président des Etats-Unis.
L. aut. sig., en anglais, au général Lafayette, 14 février 1806, 1 p. pl. in-4.
Belle lettre historique relative à la croisière que les Etats-Unis effectuaient pour paralyser les attaques de la marine anglaise, qui cherchait à capturer les navires américains, de concert avec l'Espagne. Jefferson termine en entretenant La Fayette de la location des terrains que les Etats-Unis lui avaient concédés.

103 — LE MÈME. L. aut. sig., en anglais, au même, Washington 21 février 1806, 2 p. 1/4 in-4.
Intéressante lettre où il parle de la stagnation financière et commerciale des Etats-Unis, ce qui empêche de poursuivre les négociations concernant la vente ou la location des terrains concédés au général La Fayette par les Etats-Unis, à titre de récompense nationale.

104 — MAILLARD (Sn), ancien huissier. Connu par le rôle actif qu'il a joué dans les journées de septembre 1792.
5 grandes lignes aut. sig. au bas d'une assignation, 1er avril 1772. 1 p. 1/2 in-4.

105 — MAISTRE (Xavier de), littérateur, auteur du *Voyage autour de ma chambre.*
L. aut., 4 p. pl. in-4. Macédoine spirituelle.

106 — **MARCA** (Pierre de), archevêque de Paris, savant théologien.

> L. aut. sig. au cardinal Mazarin ; Paris, 2 février 1653, 1 p. pl. in-fol.
> *Intéressante lettre relative à la politique.*

107 — **MARÉCHAL** (Silvain), poëte et écrivain philosophe.
> *Relation véritable et peu remarquable de ma prise de possession du Bourg-la-Reine*, pièce aut., à M. Duplessis (beau-père de Cam. Desmoulins), 18 avril 1788, 3 p. pl. in-4. Cachet.

108 — **MARÉCHAUX** de France. 4 pièces sig. sur vélin.
> ALBRET (Phébus d'), quitt. sig., 1661. — HUMIÈRES, quitt. sig., avec 4 lignes aut. — SCHOMBERG (Henry de), 2 pièces, 1620-1622.

109 — **MARÉCHAUX** de France. 8 lettres ou pièces.
> BERTRAND. Billet aut. sig. et L. sig. — DURAS (le duc de). L. aut. sig., 3/4 de p. in-4. — DUROC. L. sig. — JOURDAN. L. sig. — ROCHAMBEAU, L. aut. sig., 1779, 1 p. in-4, un peu salie. — SUCHET, 3 pièces sig.

110 — **MARÉCHAUX** de France. 6 lettres aut. sig.
> BERTHIER, an IX, 1 p. 1/2 in-4. — DUROC, 1811, 1 p. in-fol. — KELLERMANN, 1810, 3/4 de p. in-4. — LAURISTON, 1814, 1 p. 1/2 in-4. — MAISON, 1830, 1 p. in-fol. — VICTOR (duc de Bellune), 1814, 1 p. pl. in-4.

111 — **MARÉCHAUX** de France. 6 lettres aut. sig.
> BERTRAND, 1811, 1 p. in-4. — BESSIÈRES, an VIII, 3/4 de p. in-4, tête impr. — CLARKE (duc de Feltre), janvier 1815, 1 p. pl. in-4. — MONCEY, 1811, 1 p. 3/4 in-fol. — NEY, an X, 1 p. in-8, tête impr. — OUDINOT (duc de Reggio), 1811, 1 p. in-4.

112 — **MARÉCHAUX** de France. 9 lettres ou pièces.
> BESSIÈRES, 2 pièces sig. et aut. sig. — JOURDAN, L. aut. sig., an VI, 1/2 p. in-4. — LEFEBVRE, L. sig., 1807, 1 p. in-4. — LOBAU, apostille de 6 grandes lignes aut. sig. — LUCKNER, L. sig., 1791, 1 p. in-4. — NEY, certificat et apostille aut. sig., an IX, 1 p. in-4. — OUDINOT, L. aut. sig., 1807, 1 p. in-4. Cachet.

113 — **MARIE-AMÉLIE**, reine des Français.
> L. aut. paraphée, Neuilly, 13 juillet 1838, 3 p. 1/2 in-8. Charmante lettre.

114 — **MAURY** (Jean Siffren), célèbre Constituant, cardinal, archevêque de Paris.
> 1° L. sig. terminée par 8 lignes aut., Paris, 3 décembre 1813, 2 p. in-4. Charmante lettre. 2° Pièce sig. comme archevêque de Paris, 1 p. 1/2 in-fol., tête impr., vignette et cachet.

115 — **MÉDECINS**. 6 lettres aut. sig.
> BALLY, 1829, 1 p. in-4. — BROUSSAIS, 1830, 1 p. pl. in-4. — CHAMBON de Montaux, Paris, 1806, 2 p. pl. in-8. — FERRUS, 1837, 1 p. 1/2 in-8. — GANNAL, 1846, 1 p. 3/4 in-4. — RICORD, 1 p. 1/2 in-8.

116 — **MÉDECINS**. 8 lettres aut. sig.
> DESGENETTES, 1806, 1 p. in-fol., tête impr. — DUBOIS (Ant.), 1818, 1 p. in-4. — GANNAL, 1 p. pl. in-4. — LEYMERIE (médecin du conventionnel Couthon), Paris, 1831, 3/4 de p. in-4. — ORFILA, 1843, 1 p. in-8. — PATRIX, 1839, 1 p. in-4. — RICHERAND, 1 p. pl. in-4. — VIREY, 1808, 1 p. 1/2 in-4.

117 — MÉDECINS. 12 lettres aut. sig.

AUVITY, 1 p. in-4. — BOUILLAUD, pièce aut. sig., 4 p. in-4. — CULLERIER, 3 p. in-4. — DEVEUX, an XIII, 1 p. in-8. — DUBOIS (Ant.), 1818, 1 p. in-4. — GUILLIÉ, 3/4 de p. in-4. ORFILA, 1819, 3/4 de p. in-4. — PARISET, 1817, 1 p. 1/2 in-4. — VIREY, 2 lettres, 1811, 2 p. 1/2 in-4, etc.

118 — MÉDECINS. 15 lettres ou pièces.

BIETT, certificat aut. sig., 1826, 1 p. in-fol. — BOURDON (Isidore), 2 lettres aut. sig., 2 p. in-8. — BOYER, certificat aut. sig., 1811, 3/4 de p. in-4. — CIVIALE, L. aut. sig., 1 p. in-8. — CORVISART, L. aut. sig., 1811, 2 p. in-4. — KOREFF, L. aut. sig., 1831, 4 p. pl. in-8. — PERCY (le baron), 2 certificats aut. sig., 2 p. in-fol. — RICORD, L. aut. sign., 1 p. 1/2 in-8. — TISSOT, consultation aut. sig., relative à la blessure du colonel Moncey; Paris, 22 mai 1812, 2 p. in-fol. aussi sig. *Guillotin, Boyer* et *Deschamps.* — YVAN (le baron), L. aut. sig., 1813, 1 p. in-4, etc.

119 — MÉDECINS. 26 lettres ou pièces sig. et aut. sig.

Broussais, Guillié, Heurteloup, Hoffmann (Achille), *Larrey, Marc, Petit* (Marc-Ant.), *Ricord* (Ant.), etc.

120 — MERCOEUR (Elisa), poëte, surnommée *la Muse Nantaise.*

Le Songe des Thermopyles, belle pièce de vers aut. sig., 19 octobre 1826, 7 p. in-fol.

121 — LA MÊME. — 1° *Epître dédicatoire à M. le vicomte de Chateaubriand,* pièce de vers aut., 3 p. 1/2 in-fol.; 2° *Une Nuit,* élégie, pièce de vers aut. sig., 1826, 4 p. pl. in-fol.

122 — MICHAULT (J. Bernard), savant philologue, auteur des mélanges d'histoire et de littérature, né à Dijon.

L. aut. sig. à l'abbé Leblanc; Dijon, 22 octobre 1762, 3 p. in-4. Cachet.

Très-jolie lettre relative à son Eloge de Crébillon, et aux travaux dont il est chargé pour l'académie de Dijon.

123 — MINISTRES. 11 lettres aut. sig.

CAULAINCOURT, duc de Vicence; 1811, 1 p. in-4. — CHAMPAGNY, 1811, 1 p. in-4. — CHAPTAL, 1812, 2 p. in-4. — GAUDIN, duc de Gaëte, L. aut. sig., 1823, 1 p. in-4. — LAINÉ, 1816, 1 p. in-4. — LA BOURDONNAYE, 1829, 3/4 de p. in-4. — MOLLIEN, 1811, 1 p. in-4. — PASQUIER, 3/4 de p. in-4 — PORTALIS, fils, 1844, 1/2 p. in-4. — SERRE (H. de), 1816, 1 p. in-fol. — VATIMESNIL, 1828, 1 p. 1/2 in-8.

124 — MINISTRES. 15 lettres aut. sig.

BOURDEAU, 1 p. in-fol. — BOURRIENNE, an XI, 1 p. pl. in-4. — CUNIN-GRIDAINE, 1 p. 1/2 in-8. — D'ARGOUT, 2 lettres, 2 p. 1/2 in-4 et in-8. — DECAZES, 1825, 1 p. in-4. — DUPONT (de l'Eure), 1817, 2 p. in-4. — JAUCOURT, 3 lettres, 2 p. 1/2 in-4. — LAMBERT, 1788, 1 p. 1/2 in-4. — MONTESQUIOU (l'abbé de), 1/2 p. in-4, etc.

125 — MINISTRES. 20 lettres sig.

Cahier, Clavière, Delessart, Duportail, Gohier, Lambrechts, Marescalchi, Roland et *Talleyrand.*

126 — MINISTRES et **DÉPUTÉS.** 12 lettres.

BAILLY, L. sig., 1789, 1 p. in-4. — BERRYER, L. aut. sig., 1 p. in-8. — CONSTANT (Benjamin), L. aut. sig., 2 p. in-8. — MANUEL, L. aut. sig., 1 p. in-12. — PEYRONNET : 1° L. aut. sig., 1824, 2 p. in-8; 2° L. aut. sig., au directeur de *la Quotidienne*; Ham, 10 septembre 1832, 1 p. 3/4 in-4. Cachet. Très-curieuse lettre relative à une façon de vivre qu'on se plaît de lui attribuer. Lettre sig. des membres du Comité de salut public, en l'an 3, etc.

127 — **MIRABEAU** (Le Comte de), célèbre Constituant.
L. aut. sig., 6 janvier 1780, 1 p. 1/2 in-4.
Très-jolie lettre relative à sa traduction de Tibulle.

128 — **MONGE** (Gaspard), géomètre et ministre.
1° L. aut. sig., comme président du sénat, à MM. les préteurs;
Paris, 10 décembre 1806, 1 p. in-4; 2° L. aut. sig., comme comte
de Peluze, 1 p. in-8.

129 — **MONNIER** (Sophie **RUFFEY**, Marquise de), maîtresse de Mirabeau.
L. aut. sig. *Sophie Gabrielle* (à Mirabeau) S. D. (fin de 1776, 1 p.
pl. in-4. Trace de cachet.
Belle lettre empreinte d'un amour passionné.

130 — **LA MÊME.** L. aut. sig. *Sophie-Gabrielle* (à Mirabeau), sous
le nom de *Mademoiselle Ancelin S. D.*, 1 p. pl. in-4. Cachet.
Très-belle lettre d'amour.

131 — **MONTMORENCY** (Anne de), connétable de France.
L. sig., avec la souscription aut., 1 p. in-fol., légèrement tachée
d'eau.

132 — **MORLOT** (F.-N.), cardinal, archevêque de Paris.
L. aut. sig., au grand chancelier de la Légion d'honneur; Tours,
1855, 1 p. pl. in-fol.

133 — **LE MÊME.** L. aut. sig., Paris, 29 septembre 185..., 1 p.
pl. in-8, tête impr.

134 — **MORNAY** (Philippe Duplessis), chef des calvinistes,
auteur de *mémoires*.
Reçu sig. sur vélin. 1600. — MONTAUSIER (Sainte-Maure, duc
de), quitt. sig. sur vélin, 1675, in-8.

135 — **MURAT** (Joachim), roi de Naples.
L. aut. sig., au ministre de la guerre; Paris, an VIII, 3 p.
in-fol., tête impr.

136 — **NAPOLÉON** Ier, empereur des Français.
L. sig. *N* avec paraphe, au comte de Lacépède; Varsovie, 16
janvier 1807, 1 p. 3/4 in-4.
Intéressante lettre relative à l'établissement d'une maison pour recevoir les
enfants des légionnaires. « Je vous prie de ne pas oublier mes enfants d'Aus-
terlitz, dont je n'ai pu encore m'occuper; je croyais avoir quelques mois de
paix et arranger tout cela. »

137 — **LE MÊME.** Brevet sig. comme premier consul, et 2 apostilles sig. *N* en marge de rapports.

138 — **NAPOLÉON** et sa famille.
L. sig. BONAPARTE, premier consul; Paris, an X, 1 p. in-4. Vignette. — BONAPARTE (Joseph), L. aut. sig., Paris, 15 avril 1815,
3/4 de p. in-4. — BEAUHARNAIS (Eugène), L. sig., 1810, 1 p. in-4. —
MURAT, L. sig., 1807, 1 p. in-4. — ELISA, L. sig., terminée par 6
grandes lignes aut., 1811, 1 p. in-4. En tout, 5 lettres.

139 — **NAPOLÉON** (Famille de). 4 lettres.
BEAUHARNAIS (Eugène), note pour le général Vignolles; pièce
sig.; Laybach, 1813, 1 p. 3/4 in-4, dispositions militaires. — BER-
NADOTTE, roi de Suède, 2 lettres sig., dont une comme roi. —
BONAPARTE (Elisa), L. sig., Florence, 1810, 1 p. 1/2 in-4.

140 — **NATURALISTES.** 3 lettres ou pièces.
SONNINI, L. aut. sig., Manoncourt, 1791, 1 p. in-4. — VAL-
MONT DE BOMARE, reçu de 7 grandes lignes aut. sig., 1777, 1/4 de
p. in-4. — JAUME SAINT-HILAIRE, L. aut. sig., 1837, 1 p. in-8.

141 — NOAILLES (L.-A. cardinal de), de l'Acad. franç.

1° L. aut. (à Bossuet), à Rome, 22 mai 1698, 3 p. in-4.

Il est question de sa réponse à M. de Cambrai, et de celles que doivent faire plusieurs autres prélats.

2° L. aut. sig. à M. d'Argenson, 4 p. in-4.

142 — NODIER (Charles), littérateur, de l'Acad. franç.

L. aut. sig. à Firmin Didot; Paris, 8 septembre 1842, 1 p. in-4.

143 — ORLÉANS (L.-P.-J. d'), dit *Egalité*, membre de la Convention, décapité en 1794.

L. aut. à l'architecte Belanger; Paris, jeudi (1789), Palais-Royal, n° 18, 2 p. 3/4 in-8, sur papier à filigrane armorié.

Il s'excuse, en termes très-aimables, d'avoir gardé trop longtemps les *Considérations philosophiques*, ouvrage de Bellanger. Quant à la construction d'une nouvelle salle de spectacle, il le remercie d'abord d'avoir voulu mettre l'Opéra à sa porte. Il voit aussi avec plaisir l'intérêt qu'il accorde aux clubs. « Je les aime, et vos raisons morales et politiques me paraissent excellentes. A l'égard du jeu, je ne l'aime pas, et je vous avertis, en galant homme, que, par cela seul, vous devez vous défier de mon opinion. » Pourtant, il approuve les banques de pharaons, il ne doute pas que M. Pitt n'admette au parlement les personnages qui en tiennent. « C'est un homme qui en sait très-long. Pour nous autres, misérables Français, nous ne pouvons arriver là tout de suite... Adieu, très-habile constructeur de temples et très-aimable destructeur de vieux préjugés. »

144 — ORLÉANS (Hélène de Mecklembourg, duchesse d').

L. aut. sig. *H*, à la duchesse..., 2 p. in-12.

Elle la remercie très-affectueusement des sentiments que lui a fait éprouver l'affreux malheur auquel ils viennent d'échapper.

145 — PAULMY (Ant. Réné Voyer, Marquis de), ministre d'Etat, de l'Académie française.

L. sig. à Legrand d'Aussy; Paris, 22 janvier 1781, 4 p. pl. in-4.

Intéressante lettre relative à l'*Histoire de la Vie privée des Français*, publiée par Legrand-d'Aussy, et dont M. de Paulmy réclame énergiquement la paternité.

146 — PEINE DE MORT (Abolition de la).

Pétition à la chambre des députés, 7 p. pl. in-fol. sig. *Berville, Vivien, H. Carnot, Charles Lucas, Mérilhou, Charton, Glais-Bizoin, Bernard* (de Rennes), etc.

147 — PEINTRES. 2 lettres aut. sig.

Ingres, Paris, 1842, 1 p. in-4.

Relative à sa nomination de chevalier de l'Ordre royal du Mérite civil de Prusse.

Vernet (Horace), au grand chancelier de la Légion d'honneur; St-Pétersbourg, 1842, 1 p. in-4.

Il le prie d'obtenir du roi des Français l'autorisation de porter la décoration que lui a accordé le roi de Prusse.

148 — PIGAULT-LEBRUN, romancier fécond.

1° L. aut. sig. au directeur Gohier, 3 p. in-fol.

Il rappelle les services qu'il a rendus à la république, et sollicite un emploi.

2° Certificat aut. sig., Paris, 24 novembre 1813, 2 p. 3/4 in-fol.

Il explique la conduite de son fils, capitaine de hussards, dans les journées des 19 et 20 mars, et demande qu'il soit conservé dans l'armée comme fidèle sujet du roi.

3° L. aut. sig., 1819, 3/4 de p. in-4.

149 — PIRON (Alexis), poëte dramatique.

L. aut. à son frère, 27 mars 1747, 3 p. pl. in-4, d'une écriture fine et serrée.

Très-curieuse lettre remplie de détails intimes sur sa famille, son père, sa mère et ses frères.

150 — LE MÊME. L. aut., 6 août 1763, 3 p. pl. in-4.

Très-jolie lettre sur divers sujets... « Mourraye-je sans avoir fait sur le théâtre un adieu tragique où j'aye en le plaisir de vous voir fondre en larmes, on un adieu comique, où vous creviez de rire 50 ou 60 ans? Je travaille à l'un et à l'autre: le matin que je suis triste et à jeûn, je chausse le cothurne, l'après dînée que je ne suis plus ni l'un ni l'autre, je prends mon manteau de Sganarelle, qui, (comme dit très-noblement un de nos quarante illustres nommé Duclos) vaut bien un manteau ducal... Mon Dieu, veillez sur nos vignes! Je n'ai plus que douze tonneaux de vin dans ma cave. Personne que moi n'en boit; et si ce temps-là dure et que je vive encore six mois, je suis un homme mort de soif au printemps!.... »

151 — **POETES** et **LITTÉRATEURS.** 11 lettres aut. sig.
  HÉNIN de Cuvilliers, 1827, 1 p. in-4. — DÉSAUGIERS, 2 lettres, 2 p. in-8. — DINOCOURT, 2 lettres, 5 p. in-8. — DEFAUCONPRET, 1 p. in-8. — GALLOIS (Léonard), 1 p. 1/2 in-4. — GÉRAUD (Edm.), 1 p. 1/2 in-4. — LABLÉE, 1 p. 1/2 in-4. — LEVÉE (J.-B.), 1 p. 1/2 in-fol. — VIGÉE, 1 p. in-8.

152 — **POUQUEVILLE,** consul général et historien de la Grèce.
  L. aut. sig., au général Marmont; Janina, 24 septembre 1807, 3 p. in-fol.
  Belle lettre remplie de renseignements sur Ali-Pacha, qui se conduit comme un perfide.

153 — **PRÉLATS.** 6 lettres et 1 pièce.
  SOURDIS (Franç. d'Escoubleau de), cardinal-archevêque de Bordeaux, quitt. sig., sur vélin, 1640. — NOAILLES (le card. de), L. sig.; Paris, 1719, 1 p. 3/4 in-4. — GERDIL, cardinal. L. aut sig.; Rome, 1784, 2 p. in-4. — JUIGNÉ (de), archevêque de Paris. L. aut. sig., 1809, 1 p. pl. in-4. — PRADT, archevêque de Malines, pièce aut. sig., 1 p. in-4. — FESCH (le cardinal), L. sig.; Lyon, 1813, 3/4 de p. in-fol. — BAUSSET (le cardinal de), L. aut. sig., 1817, 1 p. in-4. Cachet.

154 — **PRUDHOMME** (L.), auteur du journal *les Révolutions de Paris*.
  1° L. aut. sig.; Saint-Brieuc, 1785, 1 p. in-4. — 2° Copie aut. sig. d'une lettre par lui adressée à M. Necker, 1781, 2 p. pl. in-4. — 3° Pièce aut. sig.; Saint-Brieuc, 1780, 1 p. in-4.

155 — **QUÉLEN** (Hyacinthe de), archevêque de Paris, de l'Académie française.
  L. aut. sig., à M. Alibert; Paris, 18 janvier 1826, 1 p. pl. in-4.
  Il le remercie de l'envoi de son ouvrage : *De la Philosophie des Passions*. « Il m'a fait passer d'heureux moments, et les pensées philosophiques qu'il contient m'ont amené aux méditations de la religion qui les fortifient par une grâce secrète que ne communique pas la plus agréable dissertation sur notre nature... »

156 — **RACHEL** (Mlle), célèbre tragédienne.
  L. aut. sig., à Mme Mira, 29 janvier 1839, 1 p. in-8.

157 — **LA MÊME.** L. aut. sig., à sa sœur Sarah, 1 p. 1/2 in-18. Très-curieuse.

158 — **REGNARD,** poëte dramatique, de l'Acad. franç.
  Anecdotes et pensées aut., 2 p. in-fol.

159 — **LE MÊME.** Pensées et anecdotes, 2 p. 1/2 in-fol.

160 — **RETZ** (J.-F.-Paul de **GONDY,** cardinal de), archevêque de Paris, fameux frondeur, auteur de *Mémoires*.
  1° L. aut. sig., au cardinal de Bissy, 16 juillet 1672, 3/4 de p. in-4. Cachets et soies. Jolie lettre. — 2° Mandement pour la paix, copie du temps, 2 p. 1/2 in-fol.

161 — **ROCHAMBEAU** (Vimeur de), maréchal de France.
  2 L. aut. sign., au maréchal Berthier; Rochambeau, près Vendôme, 2 p. in-4.
  Demandé d'une place de sous-lieutenant pour son petit-fils.

162 — ROUSSEAU (J.-J.).
Reçu sig. ; Paris, 1er janvier 1771, 1 p. in-8.

163 — SAINT-AUBIN, dessinateur et graveur.
L. aut. sig., au ministre de l'intérieur; Paris, an XII, 2 p. in-fol.
Belle lettre.
Il expose ses services, donne la liste des élèves qu'il a formés, et explique
que son œuvre se monte à plus de 1200 morceaux, pour prix de ses travaux il
réclame une pension.

**164 — SAINT-PIERRE (H. Bernardin de), auteur de *Paul
et Virginie*.**
L. aut. sig.; Paris, 24 septembre 1786, 2 p. in-4, Jolie lettre.

**165 — SAINTE-PALAYE (Lacurne de), généalogiste et
érudit, de l'Académie française.**
L. aut. sig., à Mme d'Argental; Sainte-Palaye, par Vermanton,
17 septembre 1744, 2 p. 3/4 in-4. Cachet. Charmante lettre.

**166 — SAINT-VALLIER (Lacroix de Chevrières, Marquis
de), sénateur, connu par son dévouement à Napoléon,
né en Dauphiné.**
6 lettres aut. sig., à M. Souplet, du 22 septembre 1814 au
22 avril 1815, 8 p. in-4 ou in-8.

167 — SEDAINE, auteur dramatique.
Cession, aut. sig., au libraire Brunel, de son opéra intitulé :
Richard Cœur-de-Lion; Paris, 15 janvier 1786, 3/4 de p. in-4.

168 — SIBOUR (M.-Dom.), archevêque de Paris.
L. aut. sig.; Paris, 27 décembre 1848, 1 p. in-8. Tête impr.

169 — SAVANTS. 4 lettres aut. sig.
BRION, géographe. Projet d'un nouvel atlas de France, 1 p. 3/4
in-fol. Belle pièce. — CAMBRY, antiquaire; Paris, 1806, 1 p. in-4.
CHARDON de la Rochette, helléniste, 2 lettres, dont une signée en
grec. 4 p. in-4. Toutes scientifiques.

170 — SAVANTS. 9 lettres aut. sig.
BERTHOLLET, 1 p. in-fol. — CUVIER (G.), 1815, 1 p. in-4. —
LACÉPÈDE, an XI, 1/2 p. in-4. — LALANDE, billet de 4 lignes —
LIBRI, 1 p. in-12. — CHEVALIER (Michel), 3/4 de p. in-8. — MEN-
TELLE, 1808, 1 p. in-4. — PARMENTIER, 2 p. in-8.

171 — SAVANTS. 11 lettres.
BORDA, mathématicien, 7 grandes lignes aut. sig., au bas d'un
mémoire. — BORY DE SAINT-VINCENT, L. aut. sig., 1 p. in-8 et L. aut.
1/2 p. in-4. — BREGUET, horloger, reçu de 4 lig., aut. sig., 1788,
1/4 de p. in-4. — DUPIN (le baron Charles), 3 L. aut. sign., 5 p. 1/2
in-4. — LACROIX, géomètre, 4 petites lettres aut. sig.

172 — SAVANTS. 12 lettres aut. sig.
BEUGNOT (Arthur), 2 L. aut. sig., 1 p. 1/2 in-8. — BOUILLON-
LAGRANGE, chimiste, L. aut. sig., 1 p. pl. in-fol. — BRARD (P.),
minéralogiste, 3 L. aut., sig., 5 p. in-4. — BRONGNIART, L. aut. sig.,
an III, 1 p. in-fol. — GEOFFROY SAINT-HILAIRE, 2 L. aut. sig.,
1 p. 1/2 in-4 ou in-8. — VAUQUELIN, chimiste, L. aut. sig., 1 p.
in-4, etc.

173 — SAVANTS. 16 lettres.
BEAUMONT (Élie de), L. aut. sig., 3/4 de p. in-8. — CELS, bota-
niste, L. aut. sig., 1818, 1 p. in-4. — DENON, 2 lettres sig. —
HUMBOLDT, L. aut., à la 3e personne. — PARMENTIER, L. aut. sig.,
1792, 1 p. 1/2 in-4. Tachée. — PASTORET, L. aut. sig., 1/2 p. in-8.
— WALKENAER, L. aut. sig., 1 p. 12, etc.

174 — STAEL (Mme de), célèbre femme auteur.
L. aut. sig., à Mme Charrière; Copet, 12 septembre, 1 p. 1/2
in-4. Cachet.
Jolie lettre relative aux prisonniers d'Olmutz.

174 *bis* — **LA MÊME.** L. aut. à la même; Nyon, 2 novembre 1793, 2 p. 1/2 in-8. *Pièce historique.*

C'est par Mme de Charrière qu'elle apprendra la délivrance des prisonniers (d'Olmutz), et, sans se raisonner, elle y croit plus. Elle va la consulter sur un point délicat et secret. Un de ses amis, l'évêque d'Autun, serait mal vu dans le canton de Berne : « Si je m'établissais dans la principauté de Neufchatel, pourrais-je le recevoir chez moi sans compromettre sa sûreté d'aucune manière. Je désire extrêmement pouvoir donner asyle chez moi à l'un de mes meilleurs amis, mais ma fierté pour lui m'a détournée jusques à présent de le laisser venir ici. » C'est ce motif qui lui empêche de faire le voyage d'Angleterre. Elle voudrait bien que la réponse de Mme de Charrière fut favorable; dans tous les cas, elle lui demande le secret. »

175 — **TALLEYRAND** (Le Prince de), célèbre diplomate. L. aut. sign., au citoyen.... 1 p. pl. in-4.

Relative aux conditions du traité avec le Portugal.

176 — **LE MÊME.** L. aut. sig., à M. Esménard, 21 fructidor, 1 p. in-4. Cachet.

Il le prie de changer le jour de leur dîner.... « J'ai demain un grand diable de dîner qui remplit toute ma maison. »

177 — **TALMA** (F.), illustre tragédien. L. aut. sig., à son amie Mme de Cormeille, 1 p. in-8.

178 — **THOMAS,** littérateur, de l'Acad. fr., né à Lyon. L. aut.: Paris, 30 mars 1766, 1 p. in-4.

Très-jolie lettre. Envoi de son éloge du Dauphin, annonce de la mort de Villaret... « Ce mauvais et long continuateur d'une longue histoire de France assez bien commencée... Faites remettre, je vous prie, mon paquet à M. de Voltaire, comment gouvernez-vous ce grand homme »

179 — **LE MÊME.** L. aut., 1 p. pl. in-8. Jolie lettre.

180 — **TRIBUNAT** (distribution des costumes pour le sacre à chaque membre du). Pièce sig. par 40 membres du tribunat, an XIII, 1 p. pl. in-fol.

181 — **TRISTAN** (Flora), écrivain socialiste. 1° L. sig., au rédacteur de *la Phalange*, 1836, 4 p. pl. in-fol. Très-curieuse. — 2° *Extraits divers, Souvenirs de Pau, Copies de Lettres,* etc. Pièces aut., 68 p. in-4. — 3° 123 lettres à elle écrites par divers, entre autres par *Dupaty, Laponneraye, Roche* (A), *Baresté* (E.), *Berryer, Duchâtel, Julien* de Paris, *Bory St-Vincent, Rolland* (Pauline), etc. Réunion très-intéressante.

182 — **VALAZÉ** (Eléonore Dufriche de), Conventionnel Girondin, il se donna la mort pour échapper à l'échafaud. L. aut. sig. M. Merigot, aux Genettes, proche le Mesle-sur-Sarthe, 8 décembre 1786, 3/4 de p. in-4. *Rare.*

183 — **VALMORE** (Marceline), poète aimable. L. aut. sig., 4 p. pl. in-8.

Très-curieuse lettre écrite de Milan, dans laquelle elle fait part de la mauvaise position où elle se trouve avec son mari et ses enfants, elle parle ensuite des succès de Mlle Mars en Italie... « L'immense succès qu'elle a eu devant cette nation qui la comprenait plus par les yeux que par le langage, la réception royale qu'on lui a faite et les couronnes que remporte cette adorable créature, pourraient la consoler un peu de ses pertes, si elle ne nous laissait dans un gouffre, ce qui l'afflige beaucoup. »

184 — **VERNET** (Carle), célèbre peintre de chevaux. L. aut. sig., à Mme Delpech; Rome, 1830, 2 p. pl. in-4.

Intéressante lettre sur son séjour à Rome et ses travaux.

185 — **VOLNEY** (Le Comte de), écrivain philosophe, auteur des *Ruines.* L. aut. sig., à Perregaux, 1 p. in-8.

186 — VOLTAIRE (F.-M. Arouet de).

L. aut. sig. *V.*, à M. de Cideville, 2 p. pl. in-4.

Sa vie est quelquefois troublée par la sainte inquisition qui est à présent sur la littérature... « La vie d'un homme de lettres est la liberté. Pourquoi faut il subir les rigueurs de l'esclavage dans le plus aimable pays de l'univers, que l'on ne peut quitter, et dans lequel il est si dangereux de vivre... »

187 — LE MÊME. L. aut. (inédite), au libraire Lambert, 1 p. 3/4 in-4. Plus, 2 pages de vers avec notes, aut.

Corrections à faire au tome 3 de ses œuvres, édition de Dresde.

188 — LE MÊME. Billet de 6 lignes, aut. sig.; Paris, 17 janvier 1731, relatif à une souscription au poëme de *la Henriade.*

189 — VOISENON (L'abbé Fusée de), poète, de l'Acad. fr.

Reçu de 7 grandes lig., aut. sig. Voisenon 10 janvier 1759, 1/2 p. in-4.

190 — WIMPFEN (Félix de), général et député, défenseur de Thionville, puis commandant de l'armée départementale du Calvados.

L. aut. sig.; Paris, 20 septembre 1790, 1 p. pl. in-fol.

Très-belle lettre dans laquelle il justifie la conduite qu'il a tenue dans l'affaire de M. de Toustain.

191 — ZAMET (Sébastien), célèbre financier sous Henri IV, et chez lequel mourut Gabrielle d'Estrées.

2 quittances sig., sur vélin, dont une avec une demi-ligne aut. 1600-1611.

RENOU et MAULDE, imprimeur de la Compagnie des Commissaires-Priseurs, rue de Rivoli, 144.